Klaus W. Hoffmann
Ukulele spielen lernen

Klaus W. Hoffmann

Ukulele spielen lernen

Musikverlag Elba

Impressum

2. Auflage 2020
Herstellung: Books on Demand, Norderstedt
Cover: Shutterstock
Fotos: Klaus W. Hoffmann und Elke Bannach-Hoffmann

Herstellung:
BoD Books on Demand, Norderstedt

ISBN 978-3-9822266-1-3

Vorwort

Am 23.08.1879 legte ein britisches Schiff mit mehr als 400 Passagieren in Honolulu (Hawaii) an. Es kam von Madeira. Aus Freude, dass sie die Schiffsreise gut überstanden hatten, stimmten einige der Passagiere portugiesische Volkslieder an und begleiteten sie mit kleinen, viersaitigen Instrumenten, die sie Macheten nannten. Die Hawaiianer begrüßten die Ankömmlinge freundlich und waren vor allem vom Klang dieser Macheten begeistert. Und wie der Zufall so spielte, waren unter den Musikern, die von Madeira kamen, auch vier Schreiner. Diese blieben in Honolulu und verdienten dann ihr Geld mit dem Bau von Macheten. Sie waren gut beschäftigt, denn die Nachfrage war groß.
So kam die Machete nach Hawaii und wurde dort Ukulele genannt. Es gibt einige Spekulationen, wie sie zu diesem Namen kam. Darauf näher einzugehen, würde aber hier zu weit führen.
Ukulelen gibt es in verschiedenen Größen: z.B. die Bariton-Instrumente. Ihre Saiten werden wie die unteren Saiten der Gitarre gestimmt: D, G, H und E. Sie sind die größten Ukulelen. Etwas kleiner sind die Tenor-Ukulelen. Ihre Saiten werden, wie die der im Vergleich zu ihr kleineren Konzert-Ukulelen und die der noch kleineren Sopran-Ukulelen folgendermaßen gestimmt: G, C, E und A. Mit Hilfe eines Stimmgerätes (z.B. ENO MUSIC ET-33U oder Mini Clip Digital Tuner RTCT10) kann man die Saiten problemlos auf die richtige Tonhöhe bringen.
Sopran-Ukulelen mit klassisch geschwungener Achter-Formgestaltung haben die größte Verbreitung. Immer beliebter werden aber auch die Sopran-Pineapple-Ukulelen. Ihr Korpus hat die Form einer Ananas. Auf dem Cover dieses Buches ist ein Teil eines solchen Instrumentes zu sehen – in voller Größe dann im Kapitel „Teile der Ukulele“. Ich habe dieses toll klingende Instrument 2018 in Kitzingen bei der Firma Brüko erworben. Hubert Pfeifer hat es gebaut und für den Korpus, das Griffbrett und den Steg Walnussholz verwendet. Aus Ahornholz hat er Hals und Schalllochring gefertigt.
Für die Herstellung von Ukulelen werden verschiedene Holzarten verwendet: z.B. Mahagony, Ahorn, Akazie, Fichte, aber auch Koa. Koa ist ein hawaiianisches Holz, das vor allem für hochpreisige Ukulelen verbaut wird. Firmen wie Kamaka und Lanikai haben solche Instrumente in ihrem Programm.
Vom Kauf billiger Ukulelen kann ich nur abraten. Sie klingen schlecht und halten die Stimmung nicht. Die Firma Brüko bietet gut klingende Instrumente ab 140 Euro an. Aber auch Lanikai, Ortega und Kala, um nur einige zu nennen, haben in dieser Preisklasse gute Instrumente in ihrem Programm.

Viel Freude beim Einstieg in das Spiel mit der Ukulele!

Ihr Klaus W. Hoffmann

Inhalt

Die Teile der Ukulele

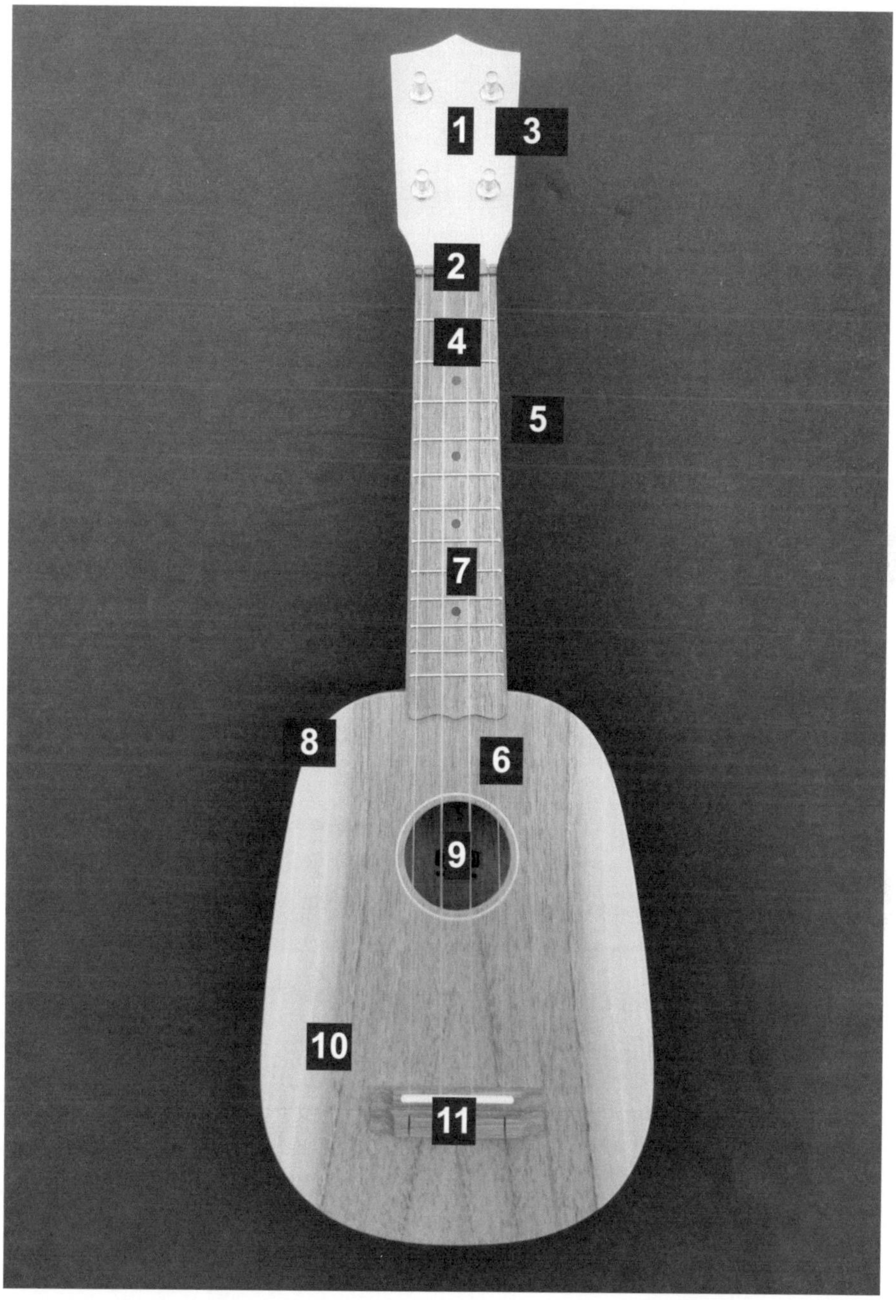

1 = Kopf, 2 = Sattel, 3 = Stimmwirbel, 4 = Bund, 5 = Hals, 6 = Saite, 7 = Bundmarkierung, 8 = Korpus, 9 = Schallloch, 10 = Decke und 11 = Steg

Die Haltung der Ukulele

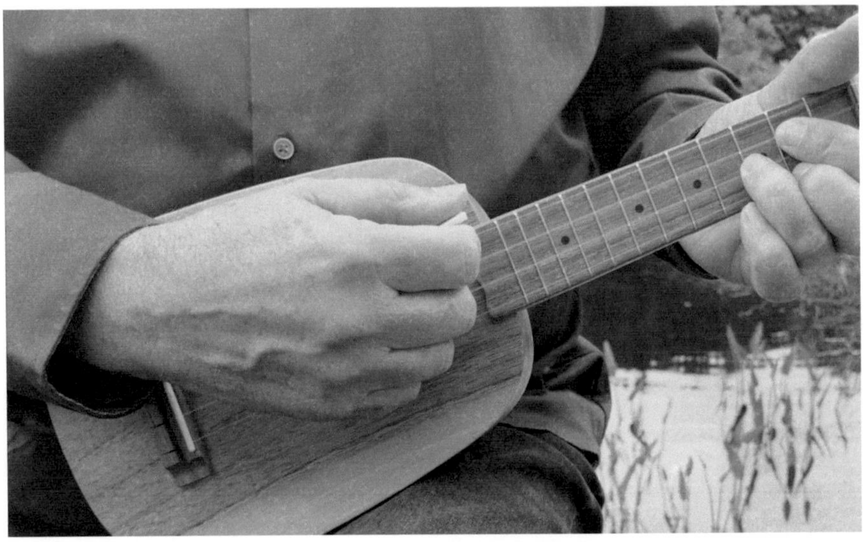

Und wie halten wir das Instrument, wenn wir es spielen und vielleicht mit Kindern singen? Eine Möglichkeit: Man setzt sich auf einen Stuhl und legt die Ukulele auf den linken Oberschenkel. Mit dem rechten Unterarm wird sie sacht gegen den Bauch gedrückt. Sie können die Ukulele aber auch auf den rechten Oberschenkel legen, wenn Sie deren Lage so besser stabilisieren können. Wichtig ist, dass die Ukulele beim Spielen nicht verrutscht.

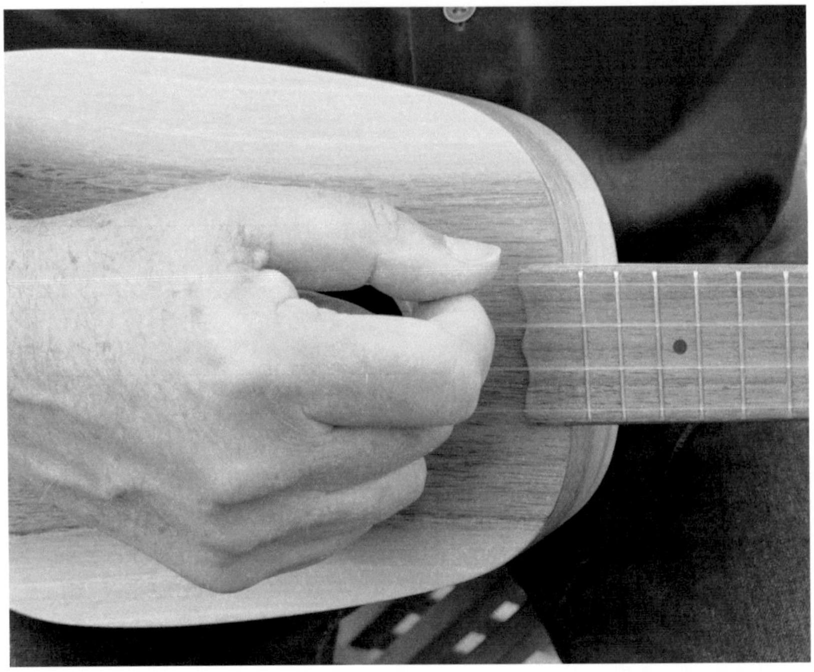

Auch im Stehen lässt sich die Ukulele spielen. Mit dem rechten Unterarm und der linken Hand wird sie sacht gegen den Brustkorb gedrückt. Auch in dieser Haltung sollte die Ukulele fest fixiert sein, sodass sie beim Spielen nicht verrutscht. Das klappt bei Instrumenten, die einen flachen Korpus haben besser, als bei solchen, deren Korpus hinten gewölbt ist. Einfach ausprobieren!

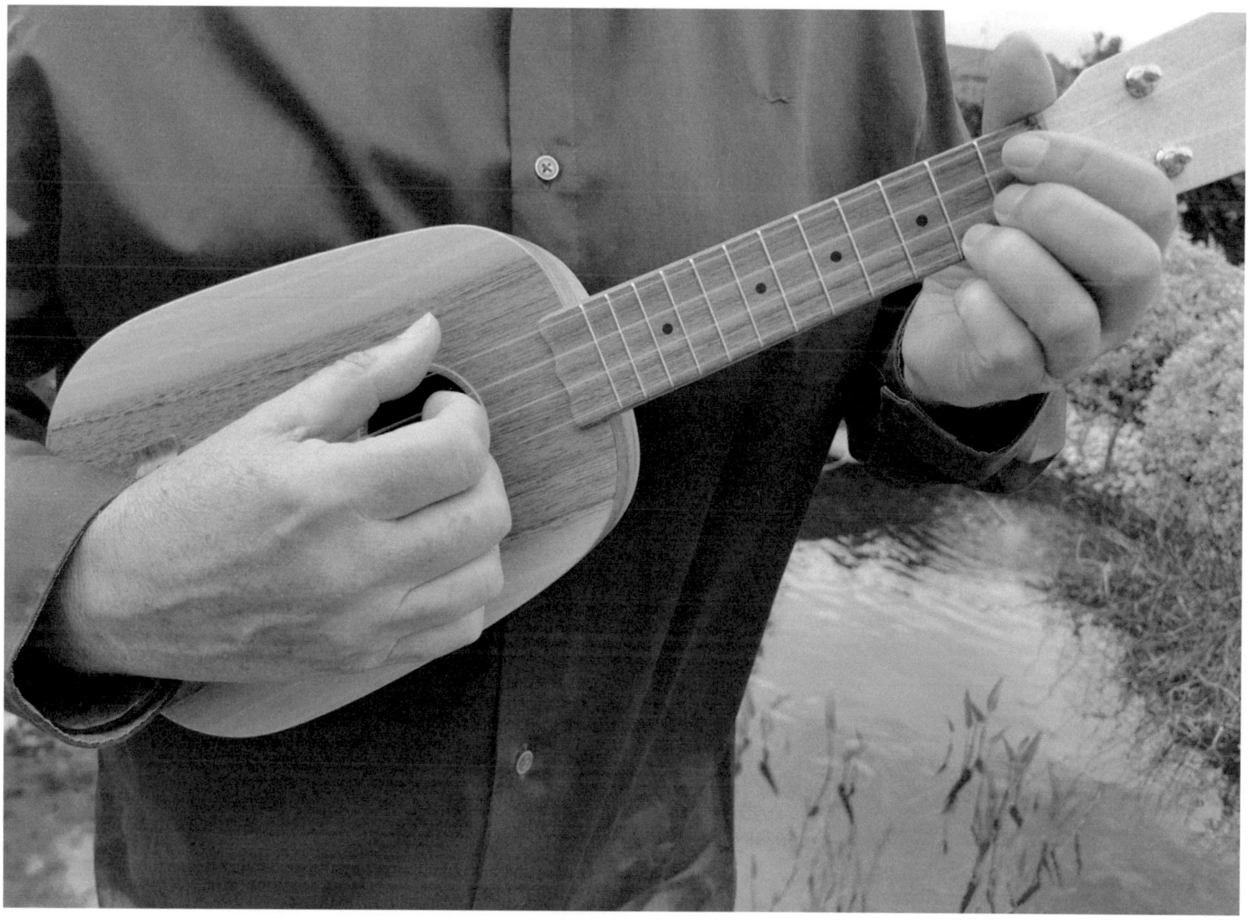

Das Stimmen der Ukulele

Sie sollten Ihre Ukulele vor jeder Liedbegleitung stimmen. Mit einem elektronischen Stimmgerät, das an den Kopf des Instrumentes geklemmt wird, geht das ganz einfach. Es zeigt die Tonhöhe der vier Saiten G, C, E und A genau an, wenn Sie sie anschlagen. Sind sie verstimmt, sehen Sie das auf dem Display des Stimmgerätes. Sie können jede Saite dann durch Drehen der Wirbel auf die richtige Tonhöhe bringen. Je mehr sie gespannt werden, desto höher klingen sie. Entspannt man sie, ist der Klang tiefer.
Elektronische Stimmgeräte für Ukulelen werden im Internet von Händlern wie Amazon, Thomann, Music Store und natürlich auch von den örtlichen Muskialienhändlern angeboten. Ich benutze das ENO ET-33U und habe es immer am Kopf meiner Pineappla-Ukulele angeklemmt. Mit diesem Stimmgerät bin ich sehr zufrieden, denn ich kann damit die Saiten meiner Ukulelen und auch die meiner Gitarren stimmen. Elektronische Stimmgeräte gibt es schon für weniger als 10 Euro.

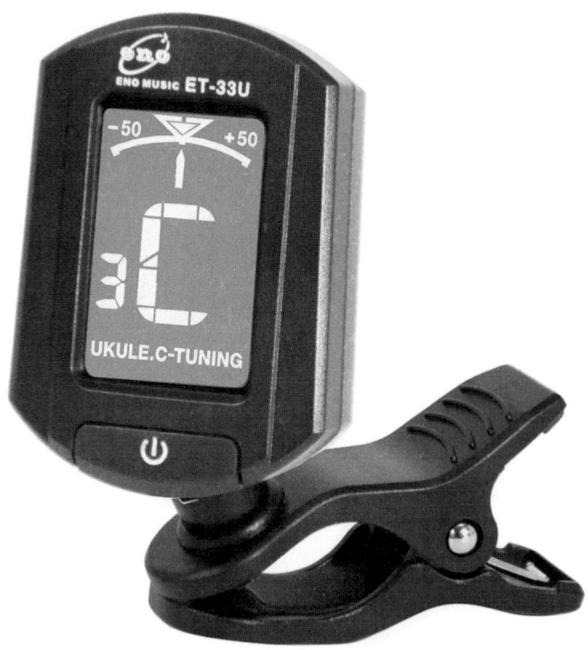

Abbildung: ENO ET-33U, Amazon

Saitenwechsel

Spätestens nachdem eine Saite gerissen ist, sollten Sie möglichst alle vier Saiten nacheinander wechseln. Wie geht das? Zunächst muss die Saite, die ausgetauscht werden soll, durch Drehen des Stimmwirbels, an dem sie befestigt ist, entspannt werden. Danach können Sie sie am Steg entfernen.
Bild 1 zeigt, dass in das Ende der neuen Saite ein Knoten gemacht wurde und wie sie am Steg befestigt wird.

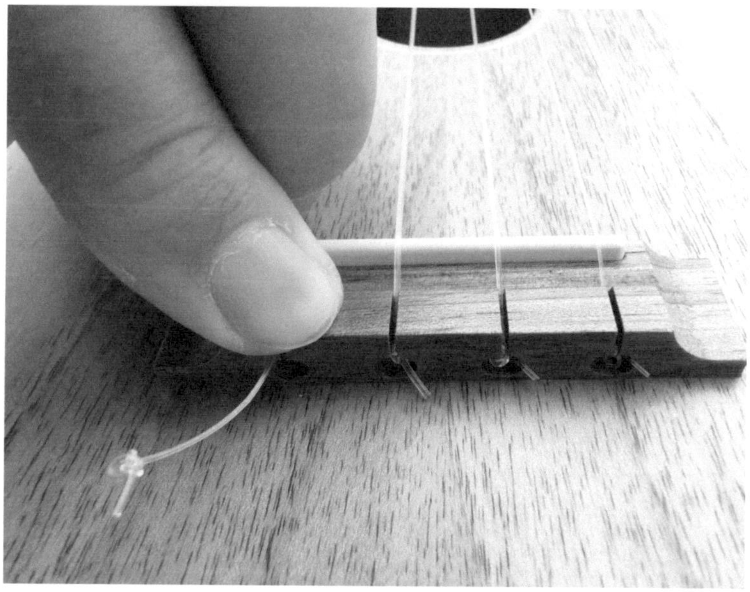

Bild 1

Das andere Saitenende muss dann, wie Bild 2 zeigt, in das kleine Loch des Stimmwirbels gefädelt werden. Wickeln Sie es dann von innen nach außen mehrmals um diesen Stimmwirbel herum.

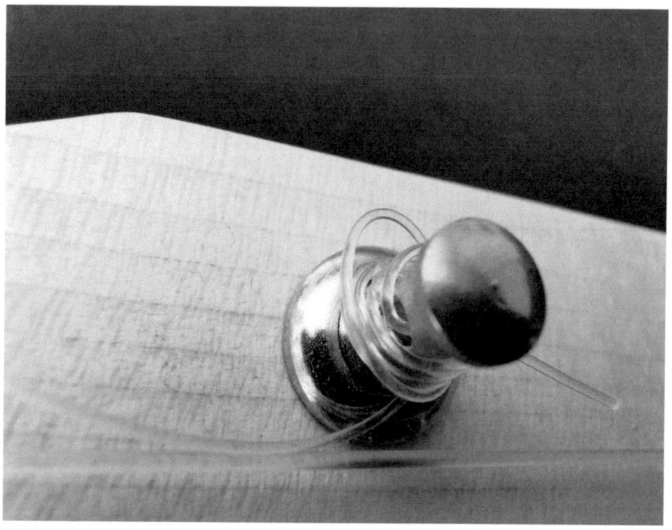

Bild 2

Die nötige Spannung bekommt die Saite, wenn Sie die Mechanik des Stimmwirbels, solange drehen, bis ihre Tonhöhe erreicht ist (Bild 3). Dabei ist Ihr Stimmgerät sehr hilfreich.

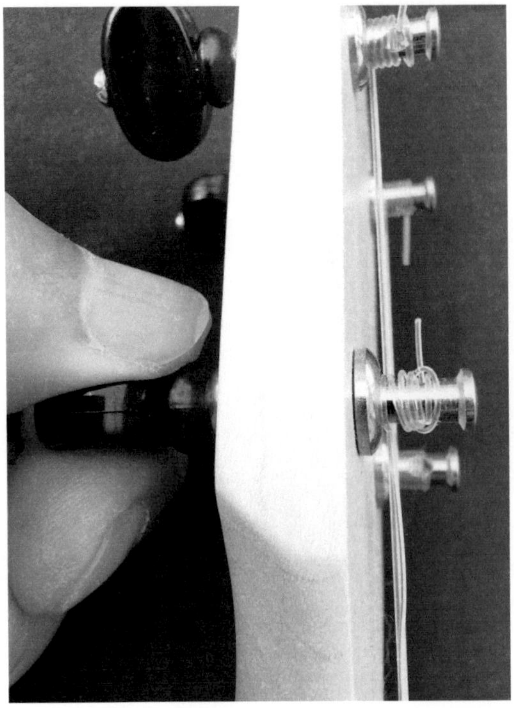

Bild 3

Wenn Ihre Ukulele einen Saiten-Steg mit vier Löchern hat, dann führen Sie das Ende der neuen Saite durch das für sie vorgesehene Loch ein. 5 - 7 Zentimeter sollte dieses Ende aus dem Loch herausschauen. Legen Sie dann das kurze Ende der Saite unter ihr langes Teil und bilden Sie eine Schlaufe. Führen Sie es noch einmal durch die Schlaufe, sodass sich ein Knoten bildet. Durch diesen Knoten ist die Saite nun fest mit dem Steg verbunden.

Das Akkordspiel

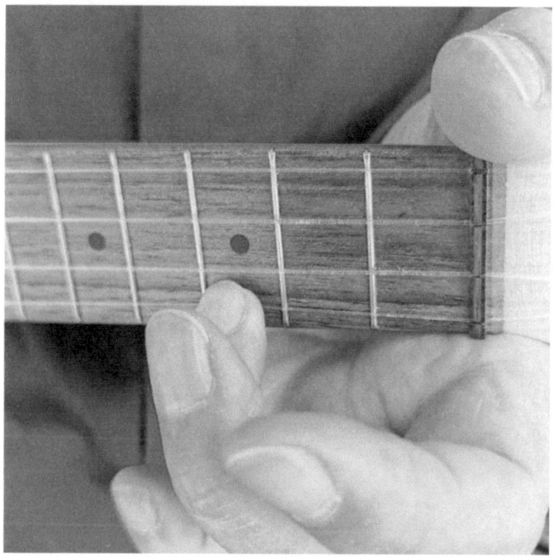

Akkord C-Dur

Ein Akkord erklingt, wenn gleichzeitig auf einem Instrument unterschiedliche Töne gespielt werden. Wenn Sie beispielsweise auf der Ukulele die Saiten G, C, E und A anschlagen, hören Sie den Akkord C6. Der klingt etwas speziell und passt nicht so recht in die Akkord-Struktur der 17 Kinderlieder, deren Gesangsbegleitung ich Ihnen in dieser Ukuleleschule vermitteln möchte. Wenn Sie aber während des Abschlags den Ringfinger der linken Hand auf die A-Saite in den dritten Bund setzen, erklingt, wenn Sie sie anschlagen der Ton C (siehe Abbildung). Wenn Sie dann alle Saiten anschlagen, spielen Sie den C-Dur-Akkord (G, C, E und noch einmal C), denn er ist ja ein Dreiklang aus den Tönen C, G und E. Dieser Akkord ist einfach zu erlernen und erfordert keine besondere Fingerfertigkeit. Nur mit dem C-Dur-Akkord können Sie das Lied „Ukulele spielen" begleiten. Später möchte ich Ihnen das Spielen der Akkorde G, F und D vermitteln. Wenn Sie diese vier Akkorde spielen und sie wechseln können, sind Sie in der Lage, die eben erwähnten elf Lieder, aber auch zahlreiche andere Lieder, zu begleiten. Wenn Sie dann Lust bekommen haben, auch andere Akkorde zu erlernen, finden Sie im Internet zahlreiche Griff-Anleitungen. Beispielsweise können Sie, wenn es besser passt, die Akkorde C und G durch C7 und G7 ersetzen. Sie entdecken bei Ihrer Suche nach weiteren Akkorden auch die Moll-Akkorde, auf deren Vermittlung ich in dieser Ukuleleschule verzichte, weil keins der darin enthaltenen 17 Kinderlieder Moll-Akkorde enthält.

Schauen Sie sich die Griffbilder der vier Akkorde an, die Sie zur Begleitung meiner Lieder benötigen. Sie sehen, in welchen Bund die Finger gesetzt werden sollten: Zeigefinger = 1, Mittelfinger = 2, Ringfinger = 3 und kleiner Finger = 4.

C

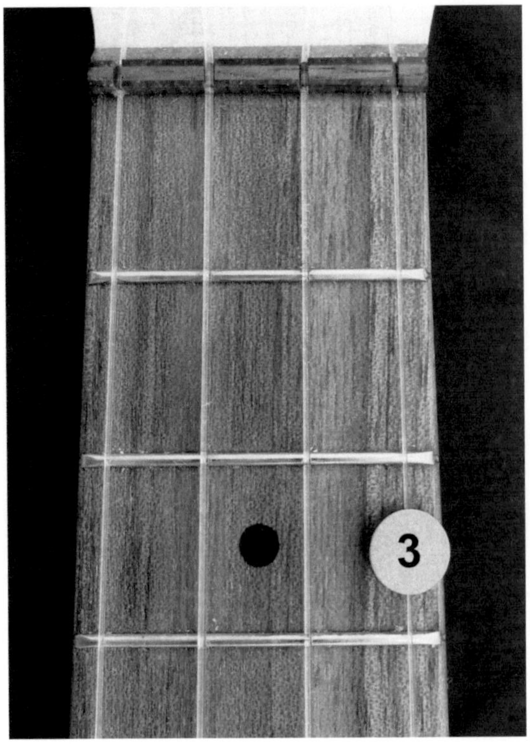

G

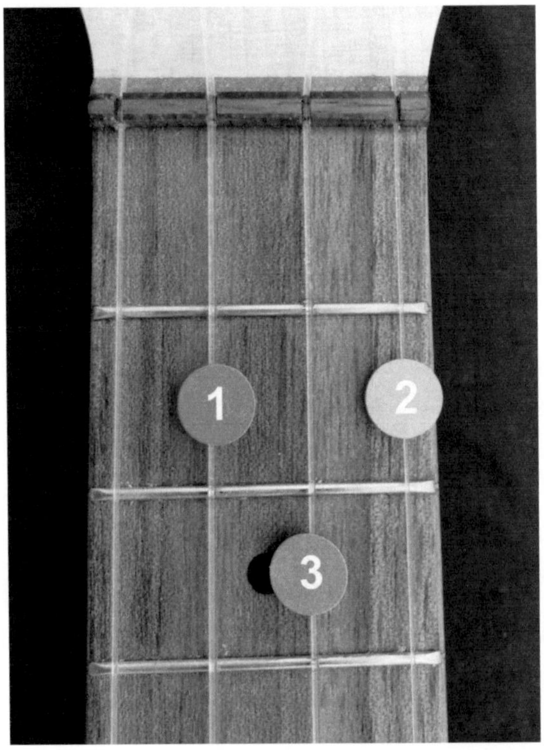

F

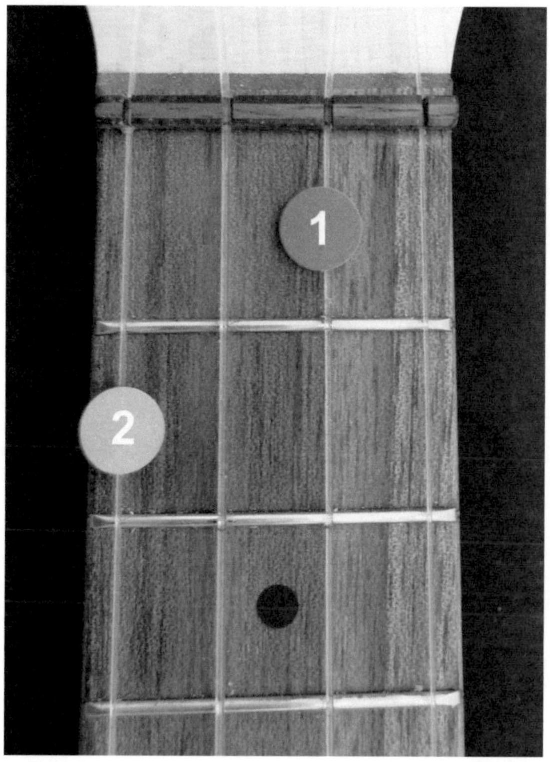

D

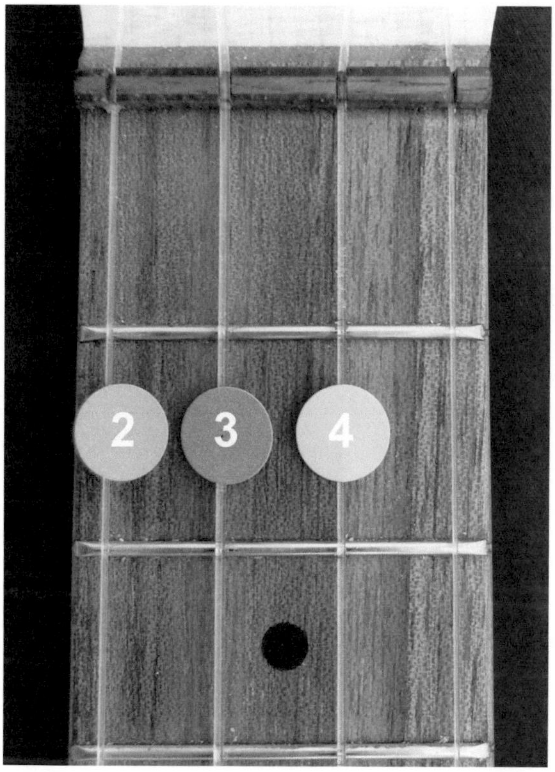

Die Anschlagtechniken

Wie bringen wir die Saiten der Ukulele zum Klingen? Verschiedene Techniken beim Akkordspiel können wir praktizieren: Das Anschlagen der Saiten mit einem Plektrum (Musikalienhändler bieten speziell für die Ukulele Filzplektren an), mit dem Daumen, mit dem Fingernagel des Zeigefingers oder mit den Nägeln mehrerer Finger der rechten Hand. Wer nägelschonend spielen möchte, bevorzugt sicher das Spiel mit einem Plektrum oder mit dem Daumen. Ich bevorzuge den Anschlag der Saiten mit dem Zeigefinger, manchmal auch mit mehreren Fingern. Probieren Sie das einfach aus!
Zunächst empfehle ich, die Lieder mit einfachen Ab- und Aufschlägen zu begleiten.
Die Zeichen **n** für Abschlag und **V** für Aufschlag habe ich in der Partitur des Liedes „Ukulele spielen“ über die Noten geschrieben. Es ist im 4/4-Takt notiert.

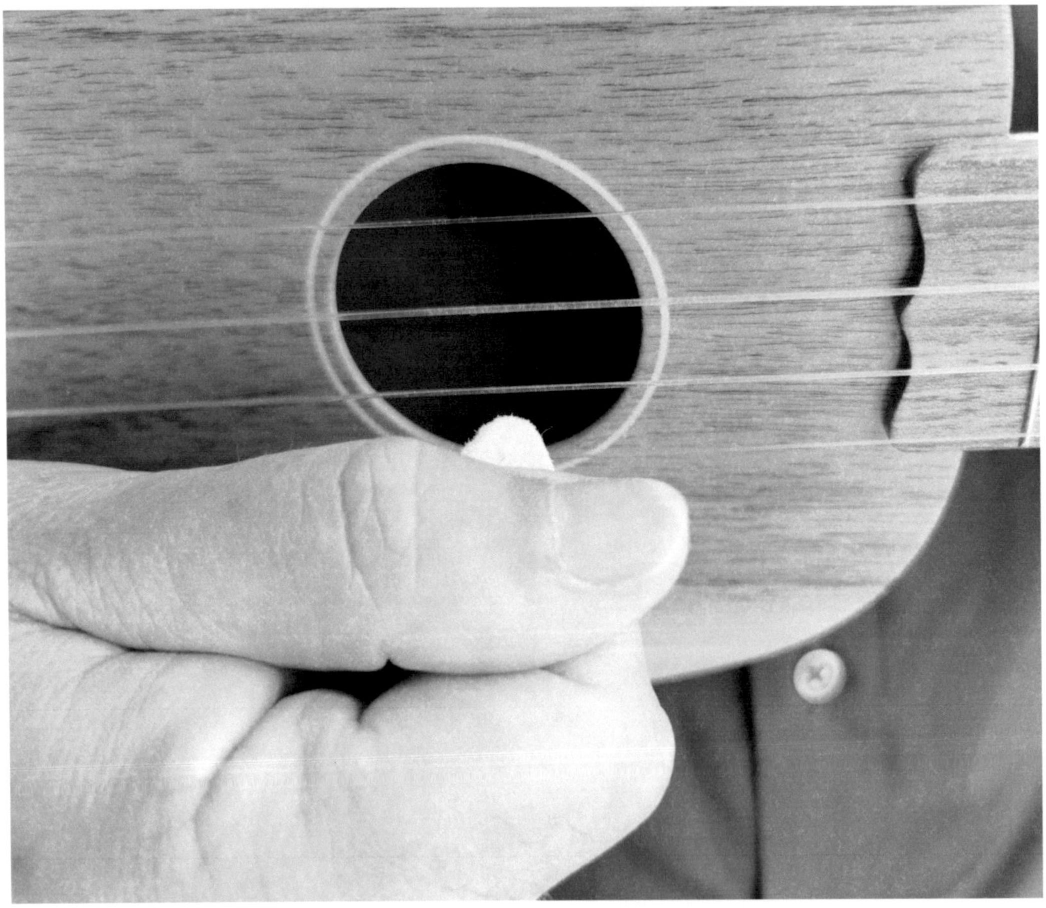

Ukulele spielen

Text und Musik: Klaus W. Hoffmann
Musikverlag Elba

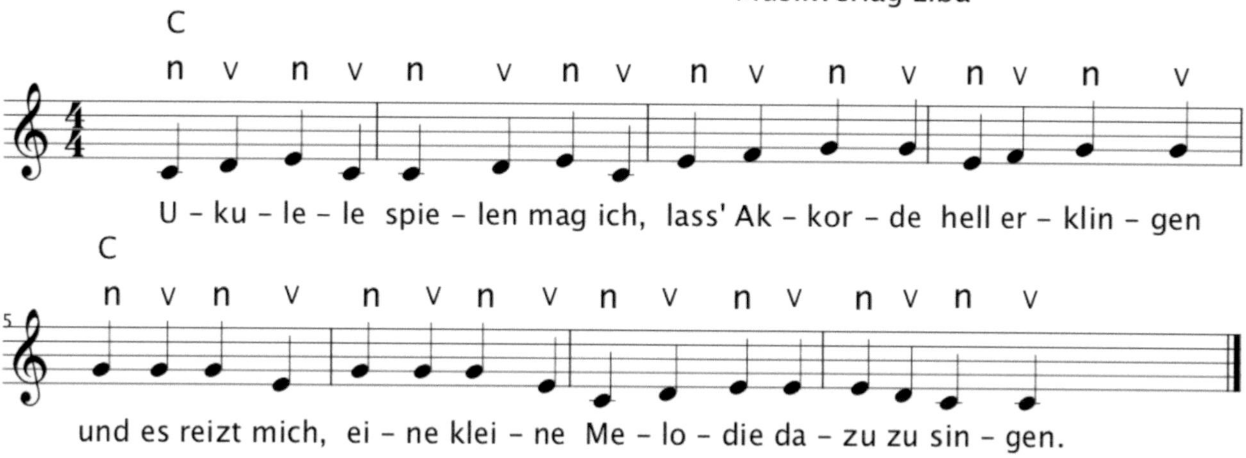

Dieses Ab- und Aufschlagmuster gilt auch für Lieder im 2/4-Takt.
Dann müssen die Anschläge zu den Achtelnoten passen.

Lied vom regenscheuen Frosch

Text und Musik: Klaus W. Hoffmann
Musikverlag Elba

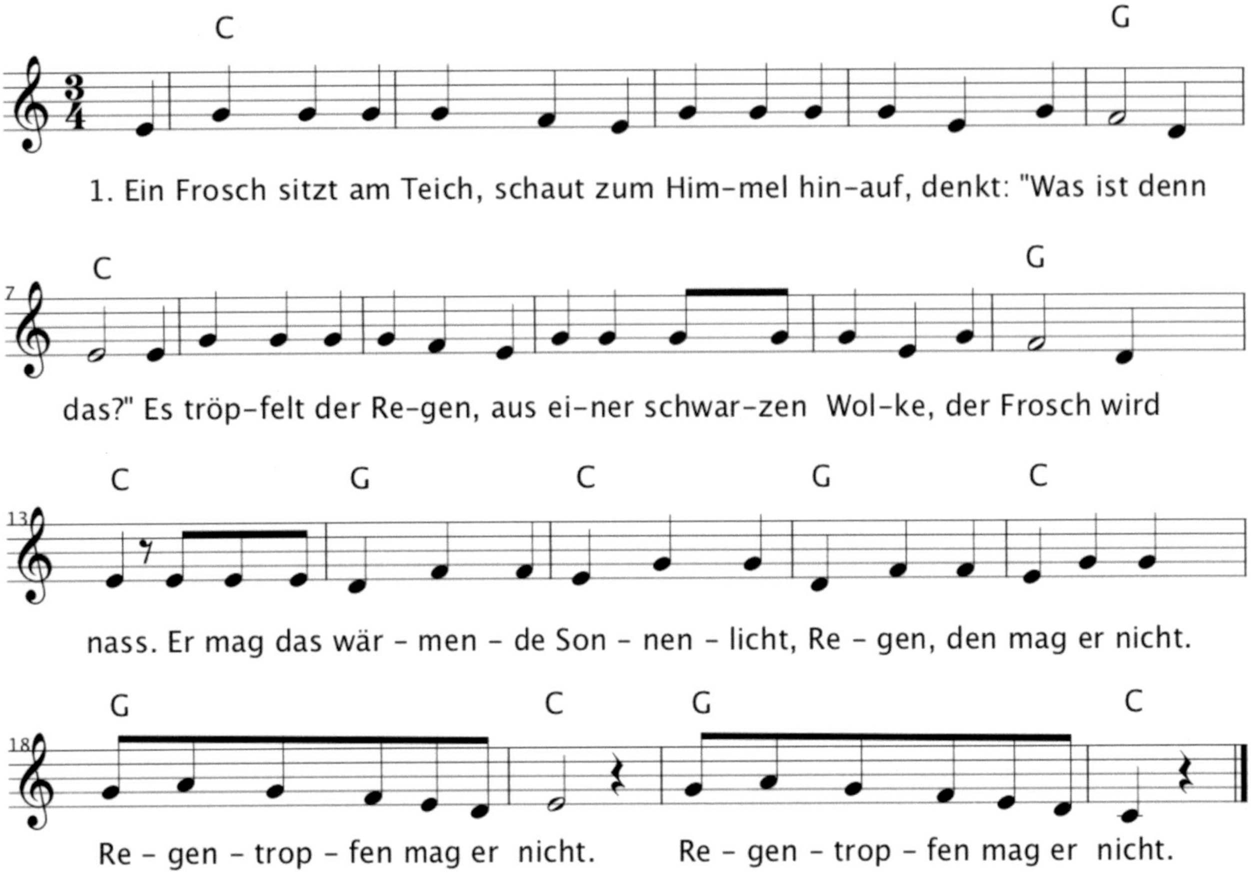

2. Ein Frosch sitzt am Teich, schaut zum Himmel hinauf, denkt: "Was ist denn das?"
   Es nieselt der Regen ...
3. Ein Frosch sitzt am Teich, schaut zum Himmel hinauf, denkt: "Was ist denn das?"
   Es fällt starker Regen ...
4. Ein Frosch sitzt am Teich, schaut zum Himmel hinauf, denkt: "Ich geh' lieber rein!"
   Er schüttelt sich, springt dann mit lautem Gequake in den Teich hinein.

Das folgende Beispiel zeigt das Ab- und Aufschlagmuster zu den Viertelnoten aus zwei Takten dieses Liedes im 3/4-Takt:

n V V **n** V V
Frosch sitzt am Teich, schaut zum

Nach diesem Anschlagmuster können Sie dieses Lied und natürlich auch andere Lieder im 3/4-Takt begleiten. Probieren Sie es aus! Berücksichtigen Sie bitte auch, dass bei diesem Lied ein zweiter Akkord hinzukommt: G. Er ist einer der vier Akkorde, die ich im Kapitel "Das Akkordspiel" vorgestellt habe. Üben Sie den Wechsel zwischen C und G!

Jahreszeiten

Text und Musik: Klaus W. Hoffmann
Musikverlag Elba

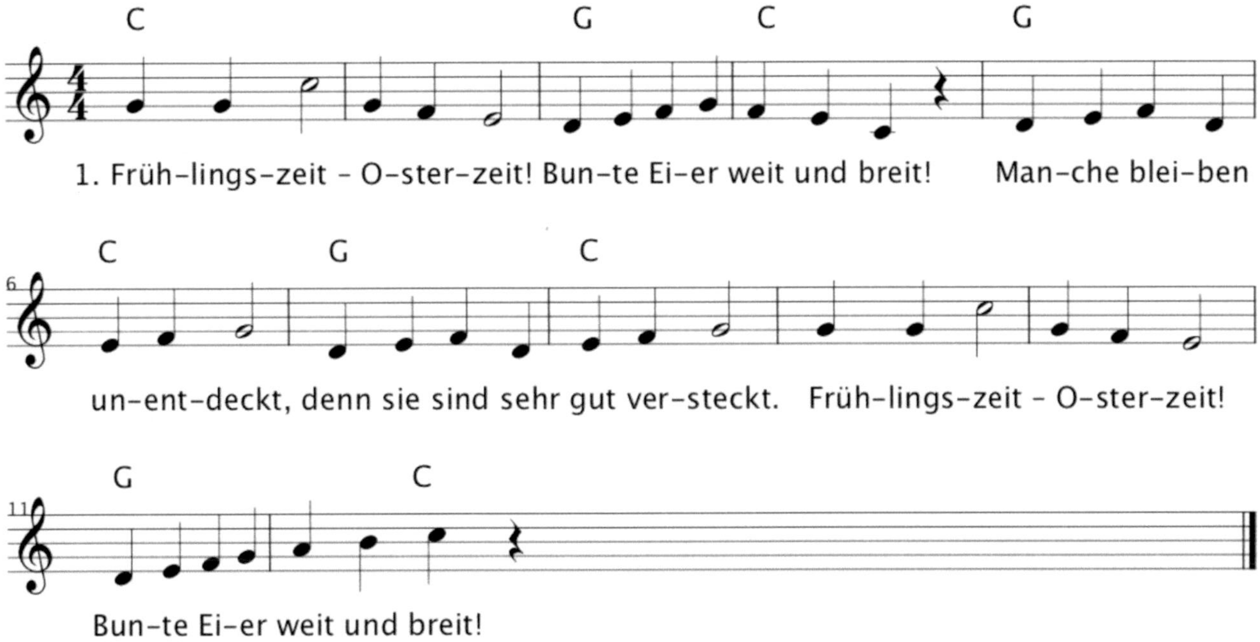

2. Sommerzeit - Ferienzeit!
Strand und Sonne weit und breit!
Kannst im Meer durch Wellen laufen
im Café ein Fruchteis kaufen.
Sommerzeit - Ferienzeit!
Strand und Sonne weit und breit!

3. Herbstzeit - Erntezeit!
Früchte reifen weit und breit!
Äpfel ernten, das ist toll,
wir sammeln viele Körbe voll.
Herbstzeit - Erntezeit!
Früchte reifen weit und breit!

4. Winterzeit - Weihnachtszeit!
Lichterketten weit und breit!
Sie schmücken Straßen, Hochhausräume
und die vielen Weihnachtsbäume.
Winterzeit - Weihnachtszeit!
Lichterketten weit und breit!

Familie Amsel

Text und Musik: Klaus W. Hoffmann
Musikverlag Elba

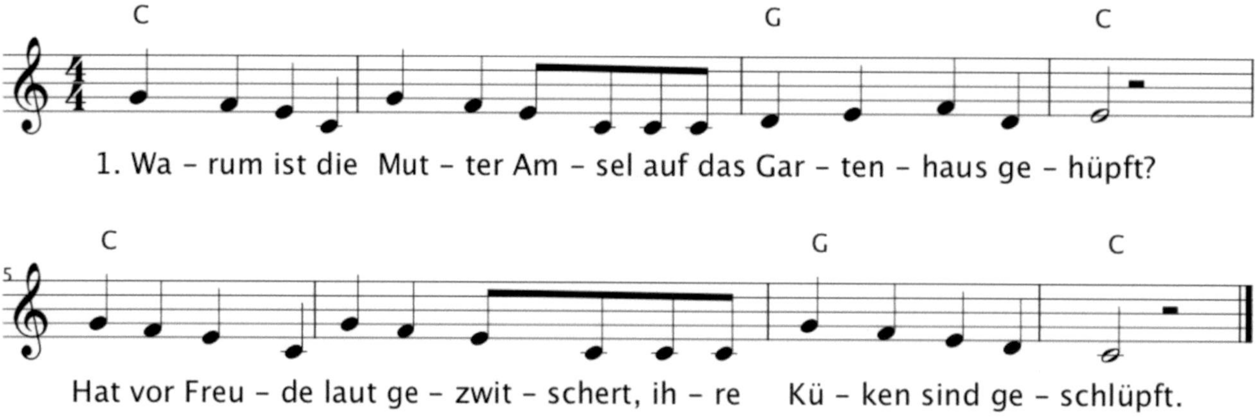

2. Auf dem Nestrand steht der Vater.
schützt das Nest, so gut er kann,
Wenn Gefahr droht, schimpft er laut, da
traut sich keine Katze ran.

3. Warum fliegt die Mutter Amsel
in ihr Nest und wieder fort?
Sie sucht Futter für die Kinder,
sucht mal hier und sucht mal dort.

4. Hungrig sind die Amselkinder.
Weißt du, was den Kleinen schmeckt?
Beeren, Larven, Würmer, Schnecken
und ganz gern auch ein Insekt.

Ich hab' gepflanzt

Text und Musik: Klaus W. Hoffmann
Musikverlag Elba

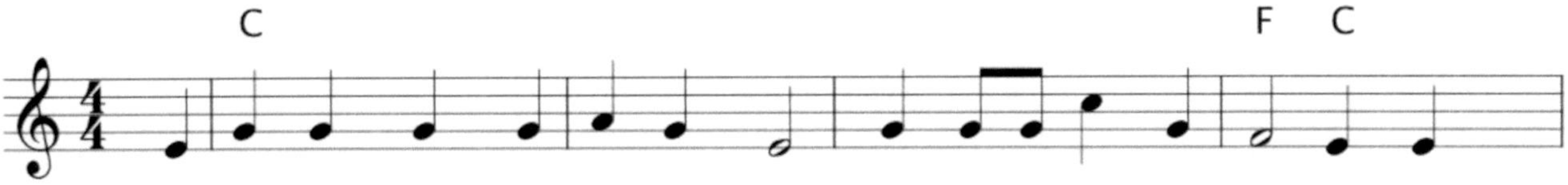

1. Ich hab' ge-pflanzt, ich hab' ge-pflanzt, Erb-sen in mei-nem Gar-ten. Wie

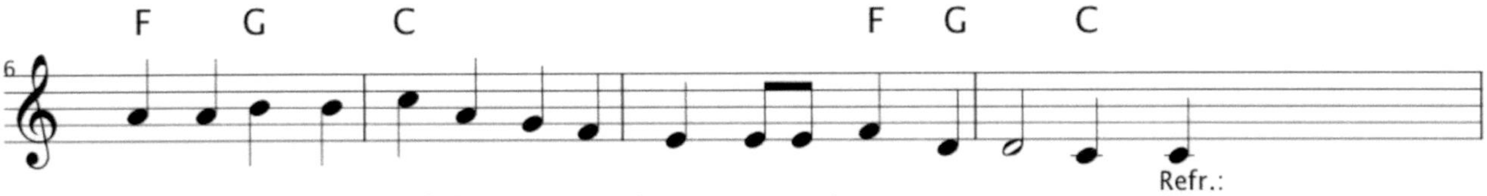

freu-te ich mich auf die Ern-te, konn-te es kaum er-war-ten. Refr.: Die

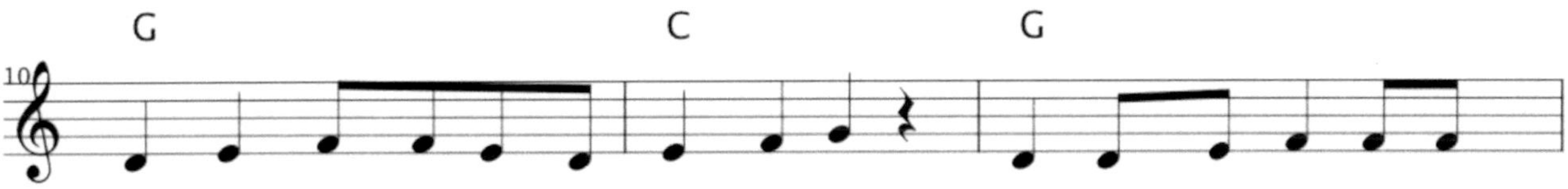

Spat-zen schau-ten mir beim Pflan-zen zu, zwit-scher-ten laut, ga-ben

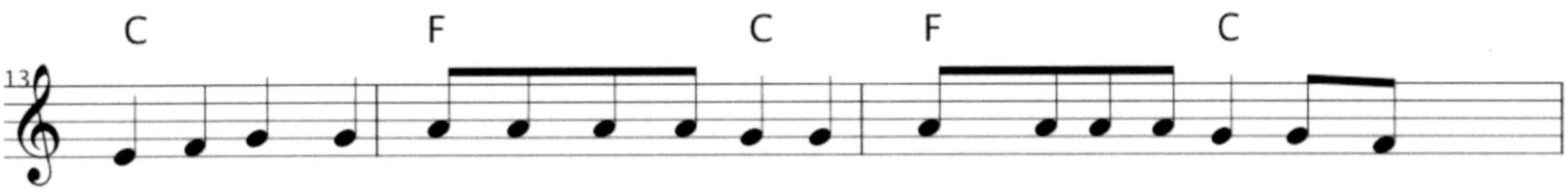

kei-ne Ruh'. Ich wuss-te, wenn ich fort bin, schrei-ten sie zur Tat und ver-

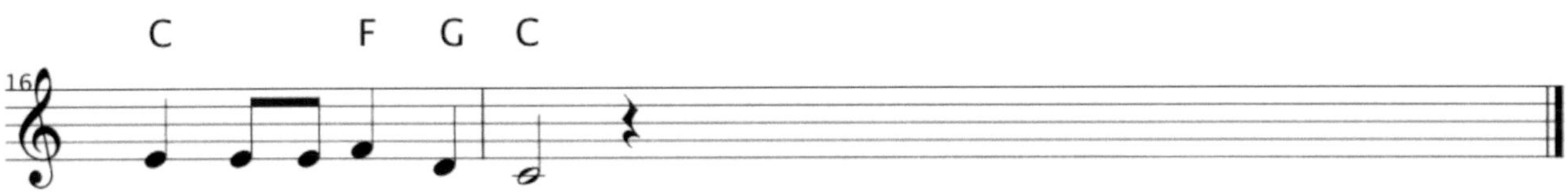

spei-sen die fri-sche Saat.

2. Ich hab' gepflanzt, ich hab' gepflanzt, Dill in meinem Garten ...
   Refrain
3. Ich hab' gepflanzt, ich hab' gepflanzt, Gurken in meinem Garten ...
   Refrain
4. Ich hab' gepflanzt, ich hab' gepflanzt, Möhren in meinem Garten ...
   Refrain
5. Ich hab' gepflanzt, ich hab' gepflanzt, Salat ...

Neuer Refrain: Ein Kater schlich ganz leis' heran,
und alle Spatzen verschwanden dann.
Vielleicht beschützt er, was ich gesät,
in meinem Gemüsebeet.

Robby Rob

Text und Musik: Klaus W. Hoffmann
Musikverlag Elba

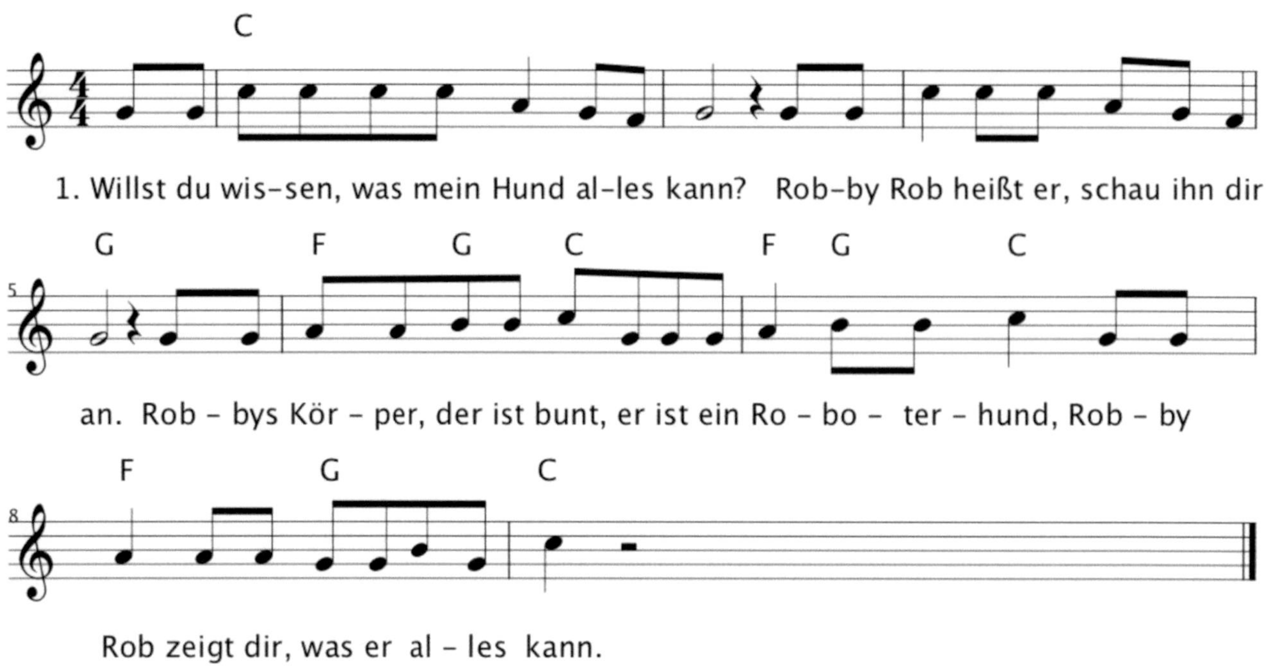

2. Willst du wissen, was mein Hund alles kann?
Robby Rob heißt er, schau ihn dir an.
Sag' ich "Sitz!", setzt er sich hin
und sagt: "Streichel' mich am Kinn!"
Robby Rob zeigt dir, was er alles kann.

3. Willst du wissen, was mein Hund alles kann?
Robby Rob heißt er, schau ihn dir an.
Sag' ich "Platz!", legt er sich hin
und sagt: "Streichel' mich am Kinn!"
Robby Rob zeigt dir, was er alles kann.

4. Willst du wissen, was mein Hund alles kann?
Er gehorcht nicht immer, schau ihn dir an.
Ich ruf' immer wieder "Aus!",
doch er streckt mir die Zunge raus.
Robby Rob zeigt dir, was er alles kann.

Pingi Pongo

Text und Musik: Klaus W. Hoffmann
Musikverlag Elba

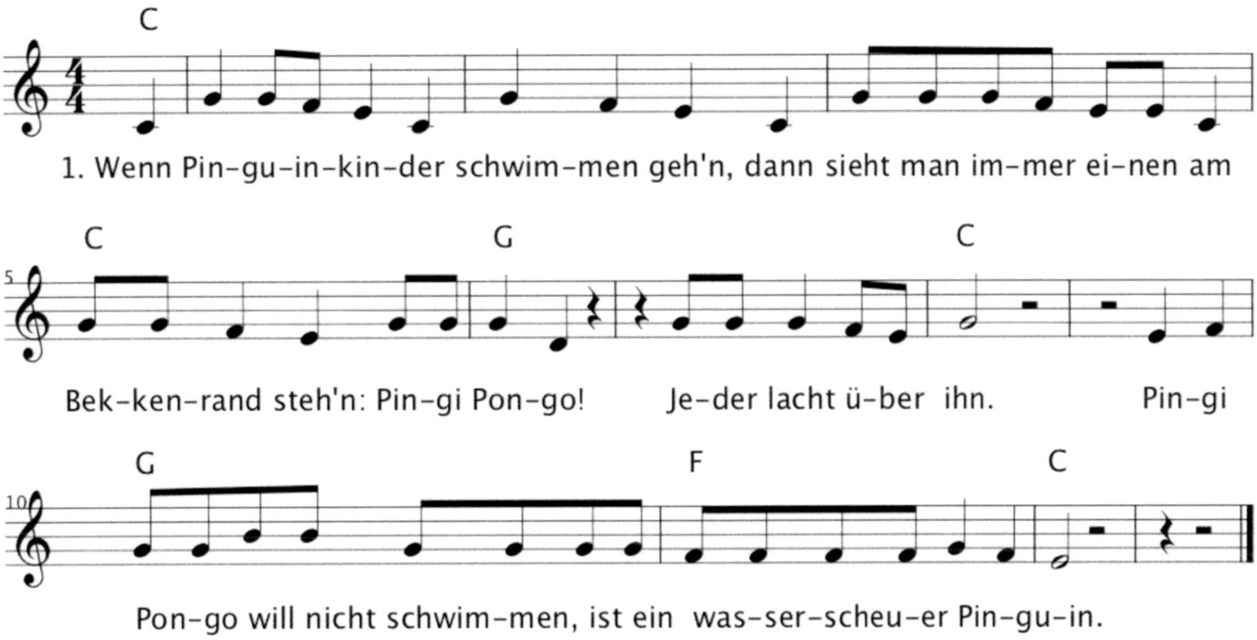

2. Wenn Pinguinkinder tauchen geh'n ...

3. Wenn Pinguinkinder spazieren geh'n,
dann ist einer dabei, der lässt alle steh'n:
Pingi Pongo! Keiner lacht über ihn.
Pingi Pongo ist der schnellste – der wasserscheue Pinguin.

Strümpfe, Schal und Schuh

Text und Musik: Klaus W. Hoffmann
Musikverlag Elba

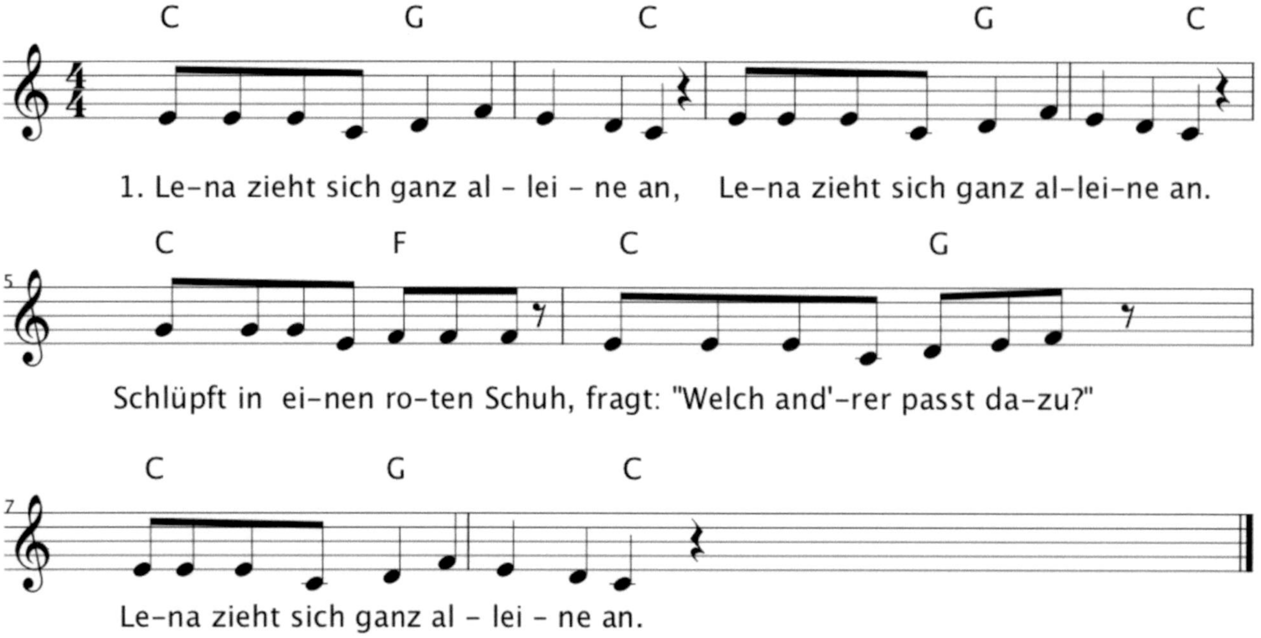

2. Felix zieht sich ganz alleine an.
   Felix zieht sich ganz alleine an.
   Jacke anzieh'n? Felix lacht,
   sagt: "Schaut her, wie man das macht!"
   Felix zieht sich ganz alleine an.

3. Emma zieht sich ganz alleine an,
   Emma zieht sich ganz alleine an.
   Noch die Mütze und 'nen Schal,
   auf den Gestreiften fällt die Wahl.
   Emma zieht sich ganz alleine an.

Gesichter

Text und Musik: Klaus W. Hoffmann
Musikverlag Elba

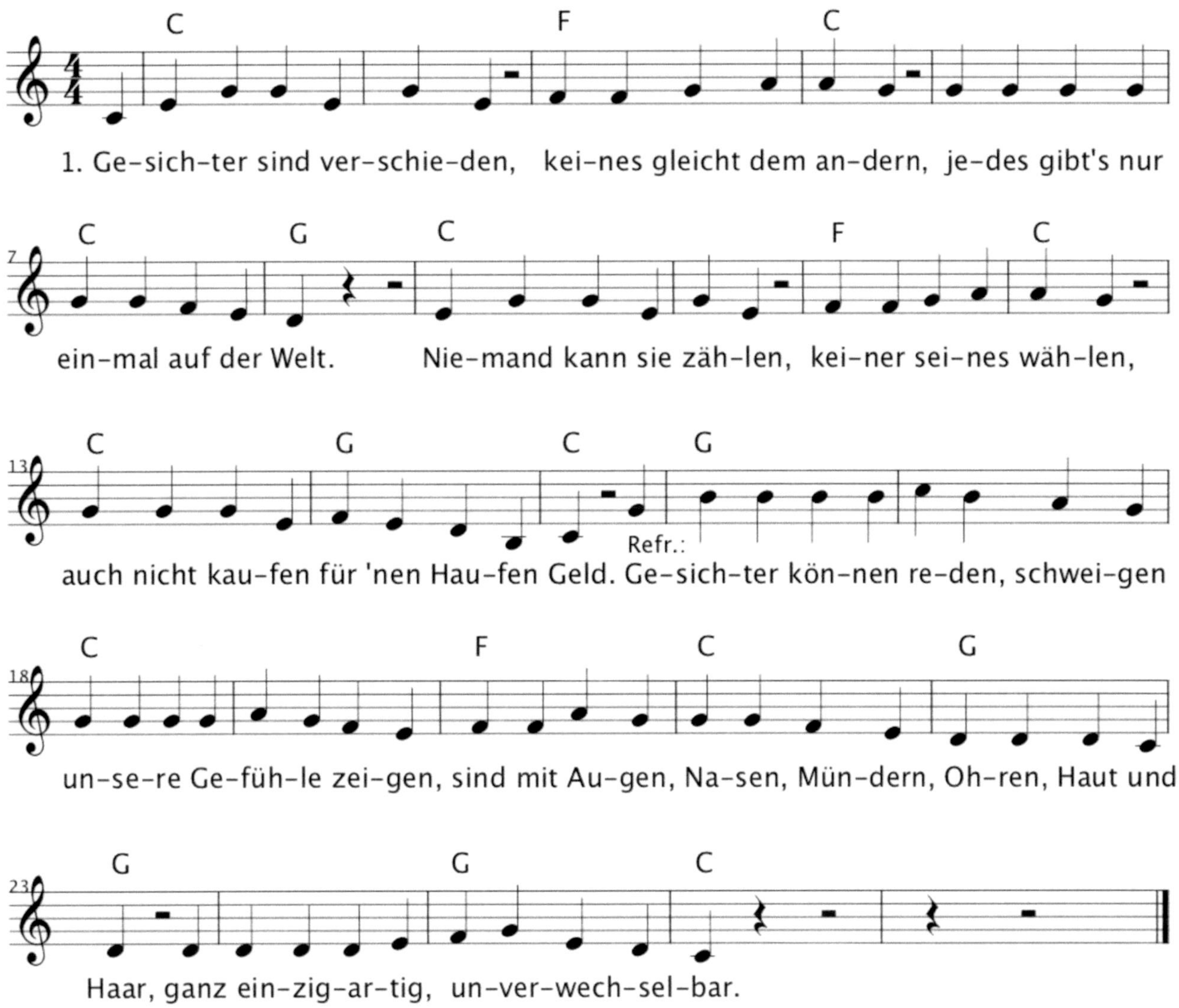

2. Gesichter sind voll Neugier, woll'n die Welt entdecken,
können hören, riechen, schmecken, seh'n.
Gesichter sind mal rundlich, farbig oder kantig,
jedes ist auf seine Art sehr schön.

Refrain

3. Gesichter sind wie Spiegel, zeigen was wir fühlen,
wie uns gerade so zumute ist.
Sie tragen keine Hemden, Jacken oder Mäntel,
zeigen dich genau so wie du bist.

Refrain

Einfüßler tanzen

Text und Musik: Klaus W. Hoffmann
Musikverlag Elba

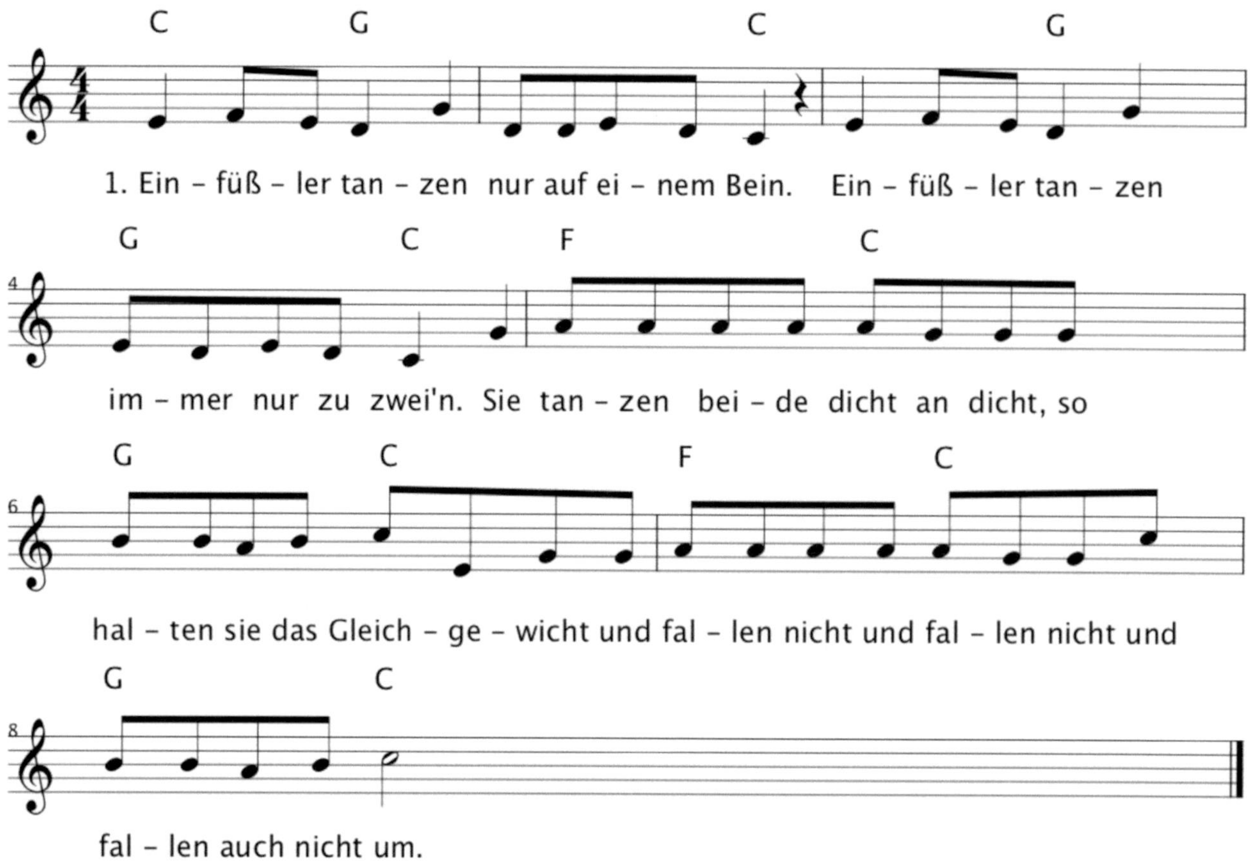

2. Einfüßler tanzen vorwärts und zurück.
Einfüßler tanzen nur ein kleines Stück.
Sie tanzen ...

3. Einfüßler tanzen einmal ganz ganz leis'.
Einfüßler tanzen, drehen sich im Kreis.
Sie tanzen ...

4. Einfüßler tanzen, tanzen hin und her.
Einfüßler tanzen, tanzen kreuz und quer.
Sie tanzen ...

Wir sind die starken Kinder

Text und Musik: Klaus W. Hoffmann
Musikverlag Elba

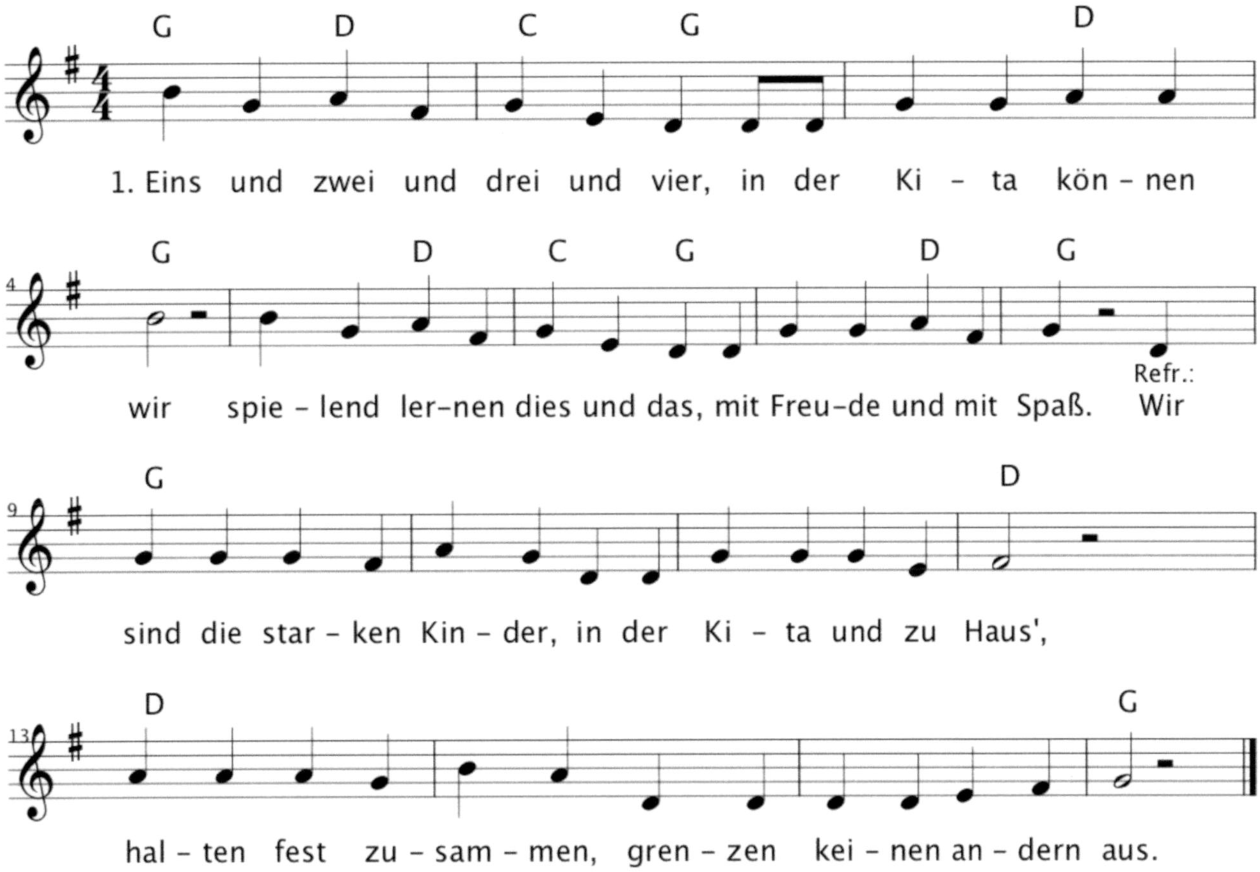

2. Eins und zwei und drei und vier,
in der Freizeit spielen wir:
Rennen, turnen, fahren Rad,
lernen schwimmen im Hallenbad.

Refrain

3. Eins und zwei und drei und vier,
so lernen und spielen wir,
werden klüger, jeden Tag,
denn Wissen macht uns stark.

Refrain

Version des Liedes für Erzieher*innen und Kita-Kinder.

Wir sind die starken Kinder

Text und Musik: Klaus W. Hoffmann
Musikverlag Elba

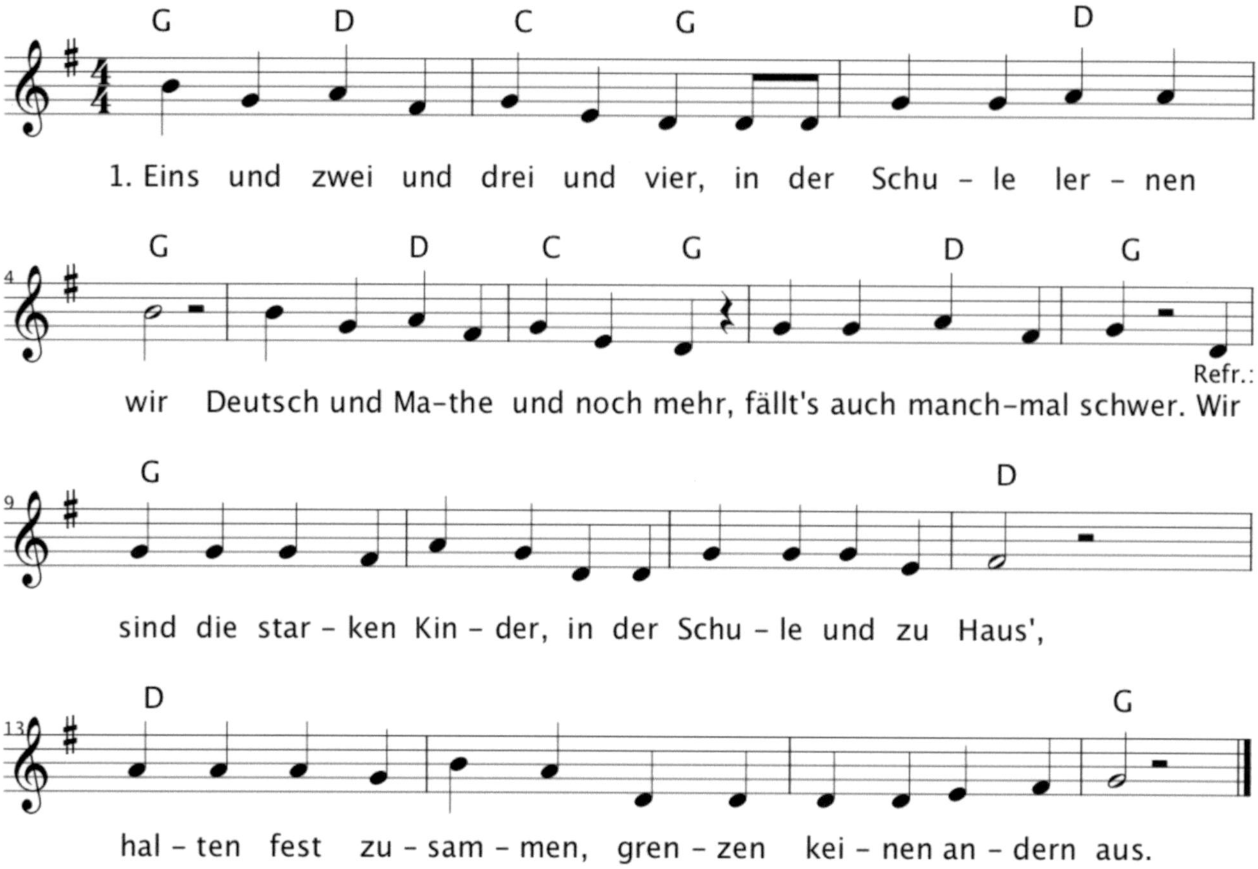

2. Eins und zwei und drei und vier,
in der Freizeit spielen wir
Fußball, Ping Pong, fahren Rad
oder schwimmen im Hallenbad.

Refrain

3. Eins und zwei und drei und vier,
so lernen und spielen wir,
werden klüger, jeden Tag,
denn Wissen macht uns stark.

Refrain

Version des Liedes für Lehrer*innen und Grundschulkinder.

Wir lieben den Frühling

Text und Musik: Klaus W. Hoffmann
Musikverlag Elba

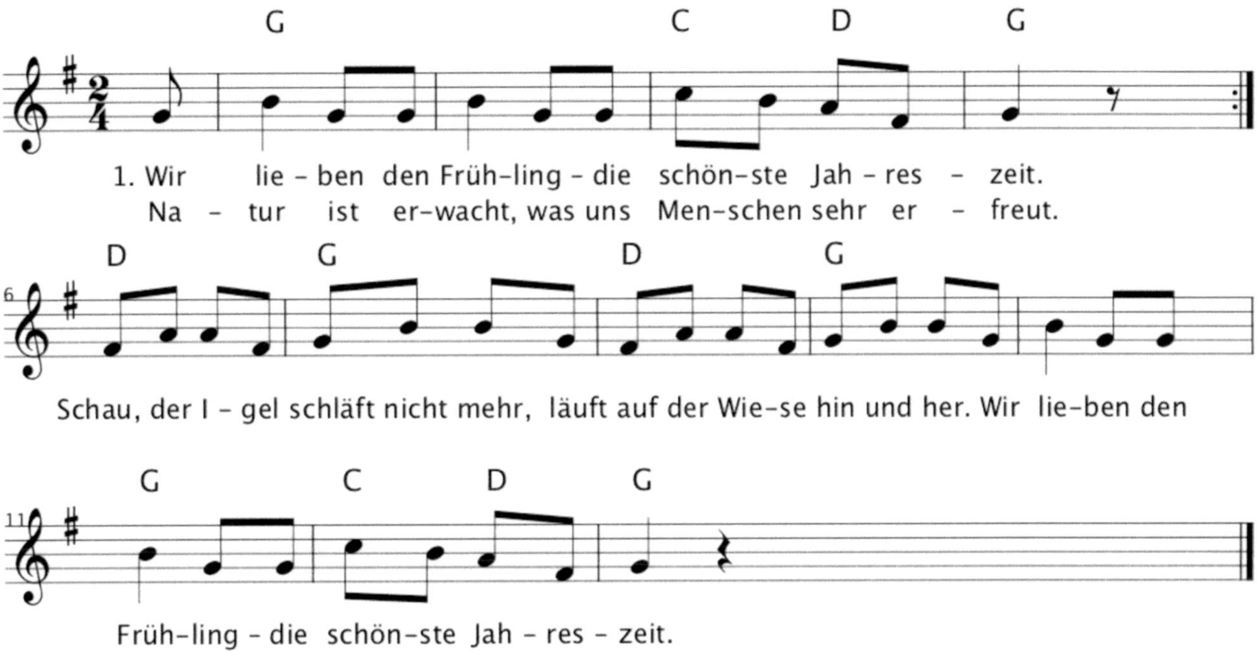

2. Wir lieben den Frühling - die schönste Jahreszeit.
Natur ist erwacht, was uns Menschen sehr erfreut.
Das Murmeltier, es schläft nicht mehr,
läuft auf der Wiese hin und her.
Wir lieben den Frühling - die schönste Jahreszeit.

3. Wir lieben den Frühling - die schönste Jahreszeit.
Natur ist erwacht, was uns Menschen sehr erfreut.
Der Siebenschläfer schläft nicht mehr,
läuft auf der Wiese hin und her.
Wir lieben den Frühling - die schönste Jahreszeit.

Was braucht ein Zauberer?

Text und Musik: Klaus W. Hoffmann
Musikverlag Elba

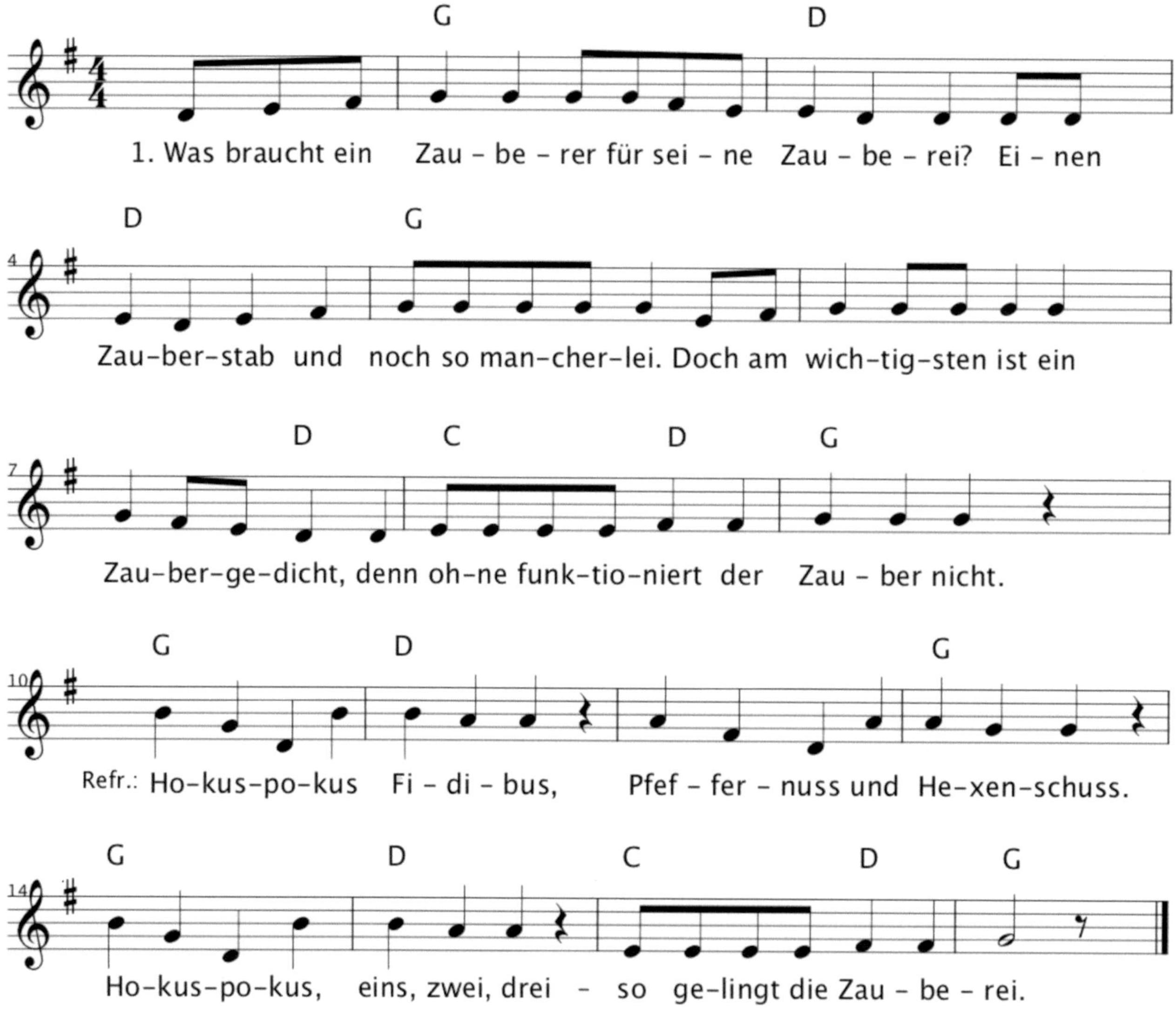

In den folgenden drei Strophen wird der "Zauberstab" durch den "Zauberhut", durch das "Zauberseil" und das "Zaubertuch" ersetzt. Der Refrain bleibt gleich.

Mit Ketchup und mit Senf

Text und Musik: Klaus W. Hoffmann
Musikverlag Elba

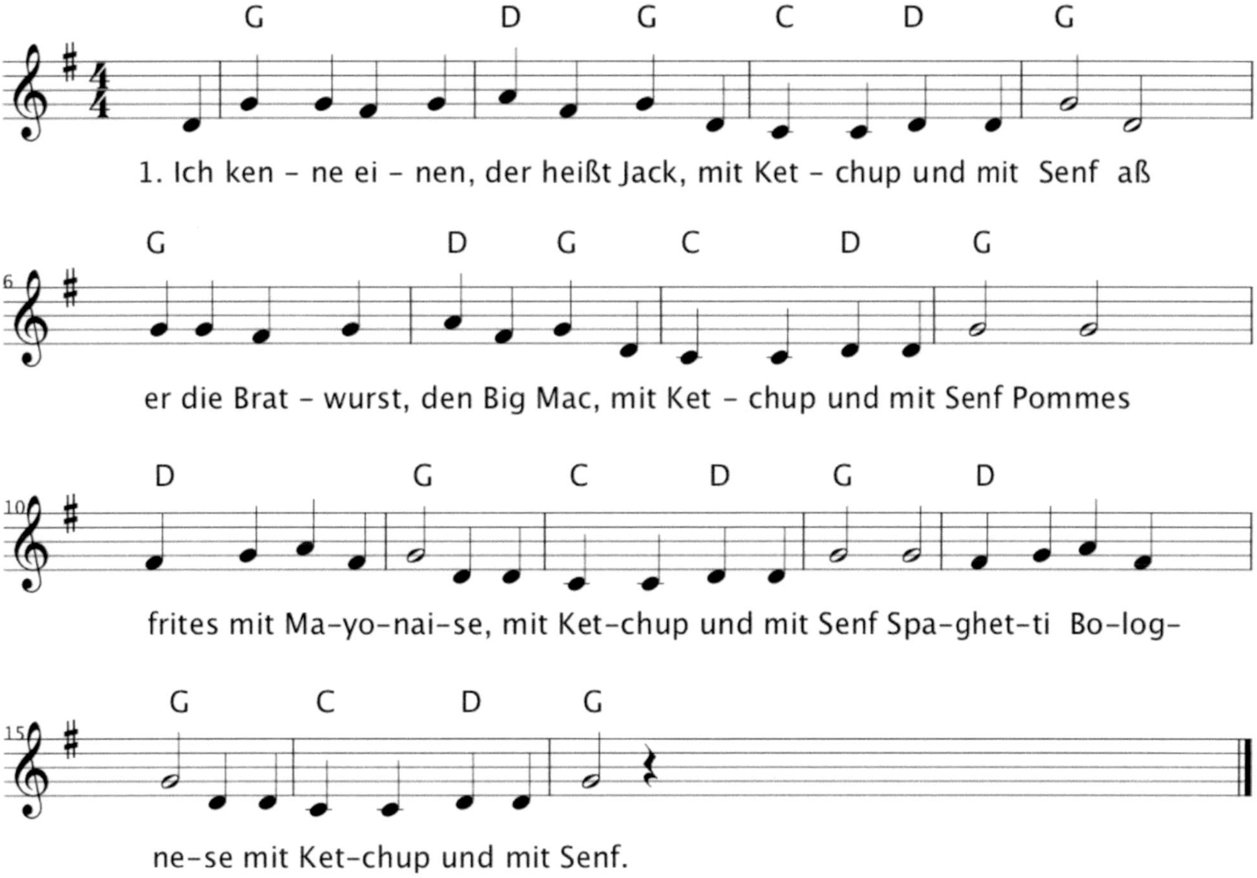

2. Er aß gern Fleisch und Curryreis
mit Ketchup und mit Senf,
als Nachtisch dann ein Erdbeereis
mit Ketchup und mit Senf,
Lakritz und Schokolade
mit Ketchup und mit Senf,
Zitronenlimonade
mit Ketchup und mit Senf.

3. Doch eines Tages war's vorbei
mit Ketchup und mit Senf.
Er aß nicht mal sein Frühstücksei
mit Ketchup und mit Senf,
auch schmeckte die Banane
mit Ketchup und mit Senf
ihm besser noch mit Sahne,
als mit Ketchup und mit Senf.

Krabbeltier

Text und Musik: Klaus W. Hoffmann

Musikverlag: Musikverlag Elba

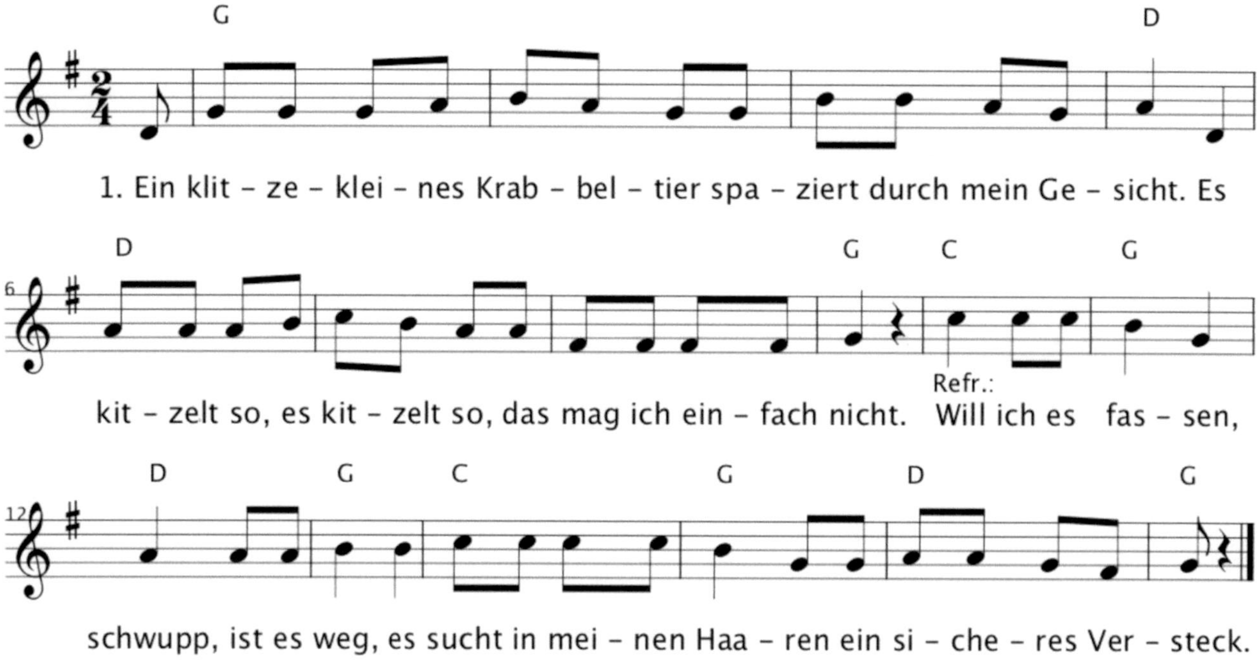

2. Ein klitzekleines Krabbeltier
   spaziert ...
   nur immerzu im Kreis herum,
   das ...

   Refrain

3. Ein klitzekleines Krabbeltier
   spaziert ...
   es kriecht um meine Augen rum,
   das ...

   Refrain

4. Ein klitzkleines Krabbeltier
   spaziert ...
   es krabbelt in mein rechtes Ohr,
   das ...

   Refrain

5. Ein klitzekleines Krabbeltier
   spaziert ...
   es kriecht in meine Nase rein,
   das ...

   Refrain

Neuer Refrain: Da muss ich niesen,
pitschnass kriecht es raus
aus meiner Nase,
und nimmt ganz schnell Reißaus.

Der kleine Mann aus meinem Ohr

Text und Musik: Klaus W. Hoffmann
Musikverlag Elba

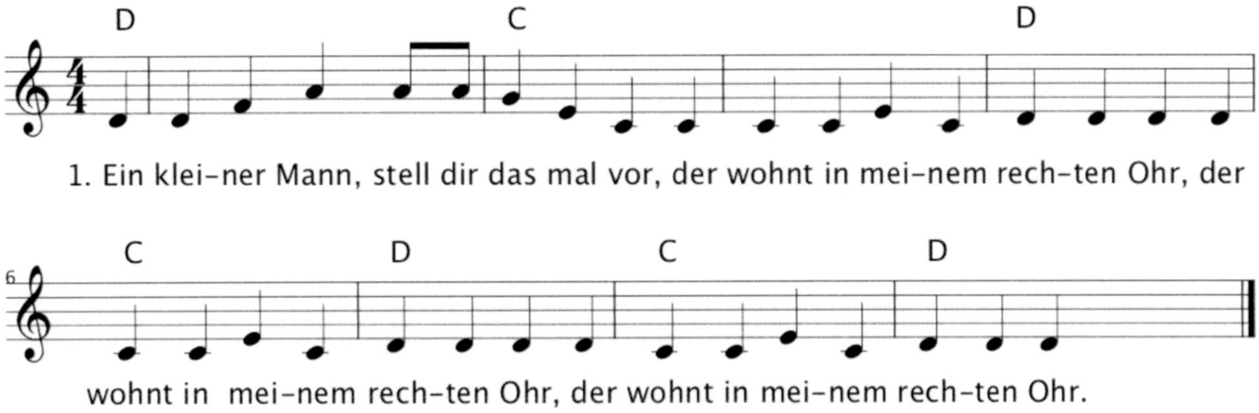

2. Er tanzte mal auf dem Herd herum,
das war natürlich ziemlich dumm.

3. Der Herd wurd' ihm schon bald zu heiß,
da sprang er in's Schokoladeneis.

4. Das Eis war ihm viel zu kalt und nass,
d'rum hüpft' er in's Marmeladenglas.

5. Konnt' mühsam sich daraus befrei'n,
sprang in ein Glas mit rotem Wein.

6. Er trank das Weinglas gierig leer,
betrunken schwankte er hin und her.

7. Ich setzte ihn wieder in mein Ohr hinein,
da schlief er bald ganz friedlich ein.

Porträt des Autors

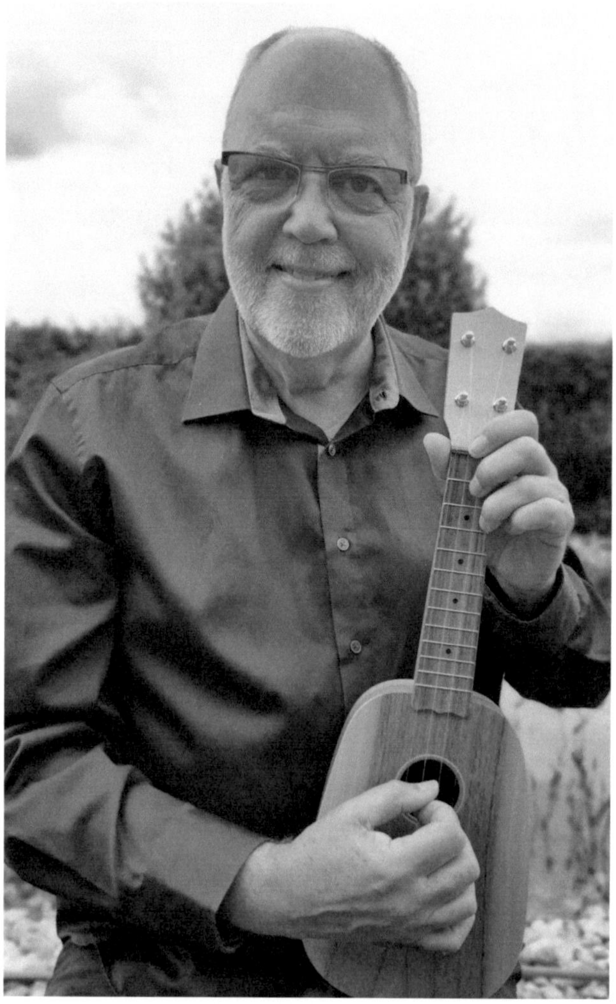

Klaus W. Hoffmann, Jahrgang 1947, war nach Schule, kaufmännischer Lehre und Studium sieben Jahre als EDV-Organisator und Programmierer tätig. Von 1974 bis 1981 arbeitete er nebenberuflich als Liedermacher und Autor – ab 1981 freiberuflich. Seit 2010 lebt er mit seiner Ehefrau Elke Bannach-Hoffmann in Sachsen-Anhalt.
Klaus W. Hoffmann hat mehr als 40 Bücher veröffentlicht. Er schrieb musikpädagogische, aber auch erzählende Bücher für Kinder und Erwachsene. Zahlreiche Lieder wurden als Videos gestaltet und in der „Sendung mit der Maus" und auf Youtube-Kanälen als Musik-Videos gezeigt. Er schrieb mehr als 400 Lieder, die auf zahlreichen Musikalben zu hören sind und zwei million mal verkauft wurden. Er erhielt mehrere Preise und Auszeichnungen (mehrmals den deutschen Schallplattenpreis der Fachkritik) und ist Mitglied im PEN, im VS, im FBK, in der GEMA und in der VG Musikedition.

Musikverlag Elba

Zu diesem Buch gibt es ein Video mit einer Einführung in das Akkordspiel und einigen Liedbeispielen. Sie können es sich anschauen und anhören:

https://youtu.be/1Ub3kMRhRVE

Der Musikverlag Elba bietet 2020 als Druckausgabe nicht nur die Ukuleleschule an. Auch ein zweites Buch:

Klaus W. Hoffmann
Wir sind neugierig
Spiellieder, Klanggeschichten und ein Singspiel
48 Seiten, DIN A4, broschürt, 12,95 Euro
ISBN 978-3-9822266-0-6

Auch dieses Buch kann im örtlichen Buchhandel oder bei zahlreichen Online-Buchhändlern gekauft werden.
Der Musikverlag Elba bietet zu diesen beiden gedruckten Büchern auch E-Books an.
Weitere E-Books:

„Wir sind die starken Kinder 1. Teil“
und
„Wir sind die starken Kinder 2. Teil“.

Die E-Books und und auch themenbezogene PDF-Dateien (Partituren) können über die Website des Musikverlages Elba bestellt werden.
Für das Jahr 2021 sind weitere Buchprojekte geplant, aber auch die Erstellung von Kinderlieder-Audio-Tracks, die von MusicHub auf die Plattformen der Streaming-Dienste gestellt werden sollen.

Musikverlag Elba
www.musikverlagelba.de